BEI GRIN MACHT SICH IHR WISSEN BEZAHLT

- Wir veröffentlichen Ihre Hausarbeit, Bachelor- und Masterarbeit

- Ihr eigenes eBook und Buch - weltweit in allen wichtigen Shops

- Verdienen Sie an jedem Verkauf

Jetzt bei www.GRIN.com hochladen und kostenlos publizieren

Bibliografische Information der Deutschen Nationalbibliothek:

Die Deutsche Bibliothek verzeichnet diese Publikation in der Deutschen National-
bibliografie; detaillierte bibliografische Daten sind im Internet über http://dnb.d-
nb.de/ abrufbar.

Dieses Werk sowie alle darin enthaltenen einzelnen Beiträge und Abbildungen
sind urheberrechtlich geschützt. Jede Verwertung, die nicht ausdrücklich vom
Urheberrechtsschutz zugelassen ist, bedarf der vorherigen Zustimmung des Verla-
ges. Das gilt insbesondere für Vervielfältigungen, Bearbeitungen, Übersetzungen,
Mikroverfilmungen, Auswertungen durch Datenbanken und für die Einspeicherung
und Verarbeitung in elektronische Systeme. Alle Rechte, auch die des auszugsweisen
Nachdrucks, der fotomechanischen Wiedergabe (einschließlich Mikrokopie) sowie
der Auswertung durch Datenbanken oder ähnliche Einrichtungen, vorbehalten.

Impressum:

Copyright © 2008 GRIN Verlag, Open Publishing GmbH
Druck und Bindung: Books on Demand GmbH, Norderstedt Germany
ISBN: 9783640492916

Dieses Buch bei GRIN:

http://www.grin.com/de/e-book/139416/gender-mainstreaming-in-der-organisati-
onsentwicklung

Bernd Kugler

Gender Mainstreaming in der Organisationsentwicklung

GRIN Verlag

GRIN - Your knowledge has value

Der GRIN Verlag publiziert seit 1998 wissenschaftliche Arbeiten von Studenten, Hochschullehrern und anderen Akademikern als eBook und gedrucktes Buch. Die Verlagswebsite www.grin.com ist die ideale Plattform zur Veröffentlichung von Hausarbeiten, Abschlussarbeiten, wissenschaftlichen Aufsätzen, Dissertationen und Fachbüchern.

Besuchen Sie uns im Internet:

http://www.grin.com/

http://www.facebook.com/grincom

http://www.twitter.com/grin_com

Universität Augsburg   SS 2008

Phil.-Soz. Fakultät

BA Erziehungswissenschaften

Seminar: Einführung in die Erwachsenenbildung/Weiterbildung

Thema: Gender Mainstreaming in der Organisationsentwicklung

                Am 15.09.08

Name: Bernd Kugler

                BA Erziehungswissenschaft

                Zweites Fachsemester

Inhaltsverzeichnis:

1.Einleitung... 3

2. Hauptteil... 4

2. Begriffsklärung.. 4

2.1.Definition.. 4

2.1.2 Geschichtliche Entstehung... 4

2.1.3 Gender Mainstreaming in der Organisationsentwicklung................................... 5

2.2.Methoden.. 6

2.2.1 Die 3-R-Methode... 6

2.3 Akteure des Gender Mainstreaming.. 7

2.3.1 Führungskräfte.. 7

2.3.2 Betätigungsfelder für Erwachsenenbildner.. 8

5. Schluss.. 9

4.Literatur... 10

1.Einleitung

Durch mein Referat zum Thema „Sind Männer immer noch das mächtige Geschlecht?" habe ich mich mit der Verteilung von Macht- und Führungspositionen innerhalb der BRD beschäftigt. Wir kamen zu dem Ergebnis dass in allen Bereichen ein starkes Ungleichgewicht besteht. So sind nur etwa 1/3 der Führungspositionen von Frauen besetzt, die Erwerbslosigkeit bei Frauen liegt immer noch deutlich über der der Männer und auch die Einkommensunterschiede zeigen eine deutliche Benachteiligung(vgl. Doblhofer/Küng 2008 S.5) Dabei wäre es selbstverständlich Wünschenswert diese Ungleichverhältnisse aufzuheben, einerseits aus ethnischer Sicht, da Gleichberechtigung und Chancengleichheit zentrale Werte unserer Gesellschaft sind, im Grundgesetzt verankert, formal gegeben aber faktisch nicht umgesetzt. Gleichzeitig wird enormes gesellschaftliches aber auch wirtschaftliches Potential verschwendet. Sowohl weiblich konnotierte Fähigkeiten in Führungspositionen als auch männlich konnotierte Fähigkeiten in z.B. sozialen Gebieten, oder der Familiengestaltung bergen Entwicklungspotential und Möglichkeiten zur Effizienzsteigerung sowie Optionen zur individuellen Lebensgestaltung. All dies sind Gründe sich weiterhin für Gleichstellung und Gleichberechtigung der Geschlechter einzusetzen. Ein aktuelles Konzept zur Verwirklichung dieser Forderungen stellt der Gender Mainstreaming Ansatz dar. Im Folgenden werde ich diesen Ansatz vorstellen, die Fragen beantworten wie dieser Ansatz verwirklicht werden kann und wer die Verantwortung dafür zu tragen hat. Anschließend gehe ich kurz auf den Anknüpfungspunkte von Gender Mainstreaming und Erwachsenenbildung ein.

2. Hauptteil

2. Begriffsklärung

2.1.Definition

„Definition des Europarates 1998

Gender Mainstreaming besteht in der (Re)-Organisation, Verbesserung, Entwicklung und Evaluierung der Entscheidungsprozesse, mit dem Ziel, das die an politischer Gestaltung beteiligten Akteurinnen und Akteure die Gleichstellung zwischen Frauen und Männern in allen Bereichen und auf allen Ebenen integrieren." (Doblhofer/Küng 2008, S.26)

Den Begriff „Gender Mainstreaming" in das Deutsche zu übersetzen ist nicht ohne weiteres möglich. Für das Wort „gender" gibt es kein deutsches Äquivalent, der Begriff „soziales Geschlecht" entspricht wohl in etwa der Bedeutung. Theoretische Grundlage für „Gender Mainstreaming" ist also zunächst die Annahme dass Geschlecht nicht nur eine biologische sondern auch sozial determinierte Kategorie ist. Interpretations- und Verhaltensmuster werden kulturell festgelegt und sind somit auch veränderbar. Allerdings bilden diese Unterschiede die Grundlage der Chancenungleichheit und Benachteiligung von Frauen in unserer Gesellschaft.

Mainstream kann mit Hauptstrom übersetzt werden, „Mainstreaming" ist also ungefähr gleichbedeutend mit „in den Hauptstrom bringen". In diesem Zusammenhang geht es also darum die Kategorie Geschlecht in den „Hauptstrom" von Denk- und Entscheidungsmuster zu bringen. Entscheidungen in Politik und Wirtschaft sollen auch immer unter dem Blickwinkel der unterschiedlichen Lebenswelten von Männern und Frauen überprüft werden.(vgl. Doblhofer/Küng 2008 S. 26)

2.1.2 Geschichtliche Entstehung

Erstmals in Erscheinung getreten ist der Begriff 1985 auf der 3. Weltfrauenkonferenz in Nairobi und wurde als Instrument der Gleichstellungpolitik verstanden. Auf der 4. Weltfrauenkonferenz in Peking, 1995, wurde beschlossen, Gender Mainstreaming in nationale Politiken verpflichtend einzusetzen. Auch innerhalb der EU wird schon seit Beginn der 90er an Programmen zur Gleichstellung gearbeitet, Mitte der 90er kommt Gender Mainstreaming hierbei eine tragende Rolle zu und wird schließlich 1996 als Zielvorgabe in den Amsterdamer Vertrag aufgenommen. Dieser tritt 1999 für die BRD in Kraft und Gender Mainstreaming wird somit in die beschäftigungspolitische Leitlinie aufgenommen. Seitdem wurde eine innerministerielle Steuerungsgruppe installiert, um Gender Mainstreaming in allen Ressorts einzuführen. (vgl.Schmeck/Welpe 2005 S.86-87)

2.1.3 Gender Mainstreaming in der Organisationsentwicklung

Ziel von Gender Mainstreaming in Organisationen ist es, Prozesse in Gang zu setzten um Organisationsstrukturen- und Kultur zu verändern und somit das formal bestehende Recht auf Chancengleichheit zu realisieren. Ausgangspunkt der Überlegungen ist die Erkenntnis, dass Geschlechtszugehörigkeit Einfluss hat auf die Verfügbarkeit über Ressourcen und den Zugang zu Machtpositionen. Konkrete Ziele müssen allerdings immer auch anhand der jeweiligen Organisation und Situation operationalisiert werden. Diese Ziele können z.b. Veränderung der Arbeitszeiten, größerer Frauenanteil in Führungsebene oder betriebliche Kinderbetreuung sein. Wobei hier nicht nur die Rolle der Frau hinterfragt und verändert werden soll, sondern beide Lebensmuster und Rollen als gleichwertig betrachtet und bewusst reflektiert werden. Durch die Anerkennung der jeweiligen Fähigkeiten kommt es sowohl zu Motivationssteigerung, als auch zu höherer Leistungsfähigkeit. Qualifizierte Mitarbeiter können längerfristig gebunden werden, bzw. können geschlechtsspezifische Betrachtungsweisen auch helfen vorhandenes Potential zu fördern und zu Entwickeln. Neben diesen internen Verbesserungen lässt sich Engagement zur Gleichstellung auch öffentlichkeitswirksam Einsetzten und kann das Bild der Organisation verbessern. (vgl. Doblhofer/Küng 2008 S.26-32)

Allgemein kann Gender Mainstreaming in 4 Schritte unterteilt werden:

1. Analyse: Wo gibt es Ungleichheiten, wo gibt es Handlungsbedarf?
2. Zielformulierung: Konkret und Überprüfbar formulierte Zielsetzungen für den jeweiligen Themenbereich
3. Umsetzung: Maßnahmen zum Erreichen dieser Ziele werden durchgeführt
4. Evaluation: Wurden die Ziele Erreicht? Gibt es neue Probleme? Wo gibt es noch Handlungsbedarf? (vgl. Rösgen 2007 S. 47)

Gender Mainstreaming ist also angelegt als ein zyklischer Prozess, bei dem der 4. Schritt, die Evaluation, immer wieder im 1. Schritt, einer Problemanalyse, mündet. Zur Durchführung von Gender Mainstreaming gibt es verschieden Methoden, wobei ich im Folgenden zwei der grundlegenden Methoden vorstellen möchte.

5

2.2.Methoden

2.2.1 Die 3-R-Methode

Die Gender-Analyse ist einer der wichtigsten Aspekte des Gender Mainstreaming. Hierbei geht es zum einen darum, rein quantitative Unterschiede festzustellen (z.b. Anteil der Frauen und Männer in Führungspositionen), vor allem aber darum Strukturen und Mechanismen aufzudecken die diese Geschlechtsbezogenen Unterschiede reproduzieren. (vgl. Stiegler 2007, S.40).

Ein Instrument der Gender-Analyse ist die 3 bzw. 4-R Methode. Hinterfragt werden dabei die Repräsentation, Ressourcen, Realitäten der Organisation, wobei der punkt Realitäten von einigen Autoren noch aufgeteilt wird in Realitäten und Rechte. Repräsentation bedeutet zunächst also quantitativ festzustellen wie die Geschlechterverteilung in einzelnen Hierarchieebenen ist und wer die Zielgruppe der Maßnahmen darstellt. (vgl. Doblhofer/Küng 2008 S.175f) Weiter wird nach den Ressourcen gefragt, welche Mittel stehen also Männern und Frauen zur Verfügung. Typischerweise werden zunächst die Aufteilung von Zeit, Geld und Raum untersucht, also die Frage gestellt: gibt es Unterschiede in Zeit- und Geld-Budget der Männer und Frauen, wer hat zugriff auf welche Fortbildungsmöglichkeiten usw. Unter Realitäten werden nun quantitative Aussagen gemacht, also der Frage nachgegangen wie es zu diesen Unterschieden kommt. Hierbei können sowohl Kommunikations- oder Beförderungsstrukturen, wie auch Organisationskultur oder die Relevanz von bestimmten Ressourcen (z.B. sind die Ausgaben für Kinderbetreuung oftmals wichtiger für weibliche Angestellte) analysiert und damit Ansatzpunkte für konkrete Maßnahmen gefunden. (Schmeck/Welpe 2005 S.97ff)

2.2.2 Die 6-Schritt-Methode

Eine weitere Methode zur Einführung von Gender Mainstreaming in Organisationen ist die 6-Schritt-Methode nach Karin Trondorf.

1. Schritt: „Definition der gleichstellungs-politischen Ziele"

   Es wird also ein Soll-Zustand ermittelt wobei dabei zwingend Kenntnisse über den Ist-Zustand erforderlich sind. Ausgangspunkt ist also wieder eine Gender-Analyse.

2. Schritt. „Analyse der Probleme und der Betroffenen"

Hierbei wird einerseits geklärt welche Strukturen und Mechanismen die Umsetzung der Ziele konkret behindern und andererseits werden betroffene Personengruppen ausfindig gemacht.

3. Schritt: „Entwicklung von Optionen"

Es werden Konzepte zur Umsetzung der jeweiligen Ziele entwickelt.

4. Schritt: „Analyse der Optionen und Entwicklung eines Lösungsvorschlages"

Die erarbeiteten Konzepte werden nochmals auf ihre potentielle Wirkung für die Betroffenen untersucht und daraufhin ein Lösungsvorschlag erarbeitet.

5. Schritt: „Umsetzung der getroffenen Entscheidung"

6. Schritt: „Erfolgskontrolle und Evaluation"

Im Mittelpunkt stehen die Fragen: Wurden die Ziele erreicht? Falls nicht, warum nicht? Sind weitere Maßnahmen erforderlich?

(http://www.bmfsfj.de/RedaktionBMFSFJ/RedaktionGM/Pdf-Anlagen/niedersachsen-informationen-impulse,property=pdf,bereich=gm,rwb=true.pdf.)

In diesen beiden Methoden sind die zentralen Bausteine zur Ein- und Durchführung von Gender Mainstreaming in Organisationen enthalten.

2.3 Akteure des Gender Mainstreaming

Gender Mainstreaming wird allgemein als Top-Down Prozess betrachtet. Also als ein Prozess der in den oberen Hierarchieebenen angeregt und durchgeführt werden muss. Warum dies so ist, welche Aufgaben dabei auf die Führungskräfte zukommen und inwieweit die Erwachsenenbildung unterstützend wirken kann möchte ich im folgenden Erläutern.

2.3.1 Führungskräfte

Um diese Fragen zu beantworten ist es Hilfreich einen kurzen Blick auf mögliche, durch „GM" eingeleitete, Maßnahmen zu werfen.

Eine mögliche Zielsetzung ist die Veränderung der Unternehmenskultur. Nicht nur Strukturen können zu Chancenungleichheit führen, oftmals findet Benachteiligung auch durch

Bewertungs- und Kommunikationsmuster statt. Innerbetriebliche Norm und Wertvorstellungen haben großen Einfluss auf den Karriereplan sowohl männlicher als auch weiblicher Mitarbeiter. Dies kann durch eine verstärkte „innere Kommunikation" von Gleichstellungszielen verändert werden. Die Auseinandersetzung mit Themen wie Elternschaft und Familie sollten dann für Mitarbeiter beider Geschlechter gleichermaßen stattfinden, mit dem Ziel neue Lebensmodelle zu entwerfen und „geschlechts-untypischen" Tätigkeiten Attraktivität zu verleihen. Außerdem ist es Hilfreich die Gleichstellungsziele in den Leitlinien zu Verankern und damit deren Bedeutung zu Unterstreichen. Glaubhaft wirken diese Maßnahmen allerdings nur wenn auch das Engagement der Führungsebene erkennbar ist. (vgl. Doblhofer/Küng 2008 S.74-77)

Oftmals bilden die Strukturen der Organisation eine wesentliche Grundlage für die Gestaltung des individuellen Lebensweges. So bestimmen z.b. oftmals die Arbeitszeiten das Engagement von Vätern in der Erziehung, bzw. stellt die Mutterschaft das Ende der Karriereleiter dar. Organisationen so zu Gestalten dass Elternschaft und Karriere möglich sind ist eine weitere mögliche Zielsetzung von Gender Mainstreaming. Ansatzpunkte sind hierbei die Arbeitszeitgestaltung oder Betriebliche Kinderbetreuung.

Indem etwa Teilzeitstellen auch in Führungspositionen Angeboten werden, können Karrierechancen auch für „aktive Eltern" erhalten bleiben. Allerdings müssen die Erforderlichen Ressourcen (z.b. Geld für den Betriebskindergarten) bereitgestellt werden, hierbei liegt die Verantwortung wieder bei der oberen Managementebene. (vgl. Doblhofer/Küng 2008 S.65-70)

Es ist also zu sehen dass Gender Mainstreaming zwar der Anstrengung aller Organisationsmitglieder bedarf, allerdings besondere Verantwortung bei den Führungskräften liegt, da die Bereitstellung von Erforderlichen Ressourcen nur durch sie geschehen kann.

2.3.2 Betätigungsfelder für Erwachsenenbildner

Bei der Umsetzung von Gender-Mainstreaming bedarf es immer auch Kenntnisse und Bewusstsein für geschlechtsspezifische Problemstellungen bei allen Handelnden Akteuren. Diese Gender-Kompetenzen lassen sich in vielfältiger Weise vermitteln, etwa durch Gender-Trainings und Sensibilisierungsworkshops, in welchen Teilnehmer Geschlechterverhältnisse reflektieren. (vgl. http://www.gendertraining.de/de/web/37.htm)

Eine weitere Möglichkeit bieten externe Berater. Diese bringen die gewünschten Gender-Kompetenzen mit ein und begleiten den Prozess bzw. Teilbereiche des Prozesses, etwa die Personalentwicklung.

(vgl. http://www.genderkompetenz.info/gendermainstreaming/implementierung/beratung/)

5. Schluss

Aus der Sicht der Erwachsenenbildung und Weiterbildung stellt Gender Mainstreaming ein Interessantes Themenfeld dar. Die Einführung neuer Praktiken und Verhaltensweisen bedarf immer auch Hilfestellung und Anleitung und bietet somit Berufsmöglichkeiten für Erwachsenenbildner. Im Bereich der Weiterbildung ergeben sich durch Einbeziehung der Geschlechtsperspektive neue Ansatzpunkte zur Effizientssteigerung bzw. lassen sich neue Kundenfelder erschließen. Somit ist das Thema Gender und Gender Mainstreaming auch für all diejenigen die im Bereich der Erwachsenen und Weiterbildung arbeiten von großer Bedeutung.

4.Literatur

Baer, Susanne; Karin Hildebrandt(2007): Vorwort und Einleitung. In. Baer, Susanne; Karin Hildebrandt (Hrg.): Gender Works. GenderMainstreaming: Gute Beispiele aus der Facharbeit, Frankfurt am Main S.7-15.

Giesecke, Wiltrud(2007):Frauenbildung-Gender-Gendermainstreaming. Ein Essay. In. Fahrenwald Claudia; Macha Hildegard(Hrg.):Gender Mainstreaming und Weiterbildung-Organisationsentwicklung durch Potentialentwicklung, Opladen S.27-37.

Doblhofer, Doris; Küng, Zita(2008): Gender Mainstreaming. Gleichstellungsmanagement als Erfolgsfaktor – das Praxisbuch, Heidelberg.

Stiegler, Barbara(2007): Erst kam die Frau nun kommt Gender in die Universität. Gender Mainstreaming als Hochschulreform. In. Fahrenwald Claudia; Macha Hildegard(Hrg.):Gender Mainstreaming und Weiterbildung-Organisationsentwicklung durch Potentialentwicklung, Opladen S.37-60.

Schmeck, Marike; Welpe, Ingelore(2005): Kompaktwissen Gender in Organisationen, Frankfurt am Main.

Rösgen, Anne (2007): Gender Mainstreaming in der Facharbeit: Eine Einführung. In. Baer, Susanne; Karin Hildebrandt (Hrg.): Gender Works. GenderMainstreaming: Gute Beispiele aus der Facharbeit, Frankfurt am Main S.45-55.

http://www.genderkompetenz.info/gendermainstreaming/implementierung/beratung/ (Aufgerufen am 14.09.08; 16:32 Uhr)

http://www.gendertraining.de/de/web/37.htm (Aufgerufen am 14.09.08; 16:01Uhr)

http://www.bmfsfj.de/RedaktionBMFSFJ/RedaktionGM/Pdf-Anlagen/niedersachsen-informationen-impulse,property=pdf,bereich=gm,rwb=true.pdf. (Aufgerufen am 10.09.08; 12:43 Uhr)